Y0-DEY-787

LES PETITES CRÉANCES

Catalogage avant publication
de la Bibliothèque nationale du Canada

Caron, Pierre

  Les petites créances: comment se préparer

1. Tribunaux des petites créances - Québec (Province) - Ouvrages de vulgarisation. 2. Accès à la justice - Québec (Province) - Ouvrages de vulgarisation. 3. Procédure civile - Québec (Province) - Ouvrages de vulgarisation. I. Titre.

KEQ1087.Z82C37 2004   347.714'04   C2004-940166-1

DISTRIBUTEURS EXCLUSIFS:

- Pour le Canada
  et les États-Unis:
  MESSAGERIES ADP*
  955, rue Amherst
  Montréal, Québec
  H2L 3K4
  Tél.: (514) 523-1182
  Télécopieur: (514) 939-0406
  * Filiale de Sogides ltée

Pour en savoir davantage sur nos publications,
visitez notre site: **www.edhomme.com**
Autres sites à visiter: www.edjour.com
www.edtypo.com • www.edvlb.com
www.edhexagone.com • www.edutilis.com

© 2004, Les Éditions de l'Homme,
une division du groupe Sogides

Tous droits réservés

Dépôt légal: 1er trimestre 2004
Bibliothèque nationale du Québec

ISBN 2-7619-1894-0

Gouvernement du Québec – Programme de crédit d'impôt pour l'édition de livres – Gestion SODEC – www.sodec.gouv.qc.ca

L'Éditeur bénéficie du soutien de la Société de développement des entreprises culturelles du Québec pour son programme d'édition.

Nous reconnaissons l'aide financière du gouvernement du Canada par l'entremise du Programme d'aide au développement de l'industrie de l'édition (PADIÉ) pour nos activités d'édition.

LES PETITES CRÉANCES
COMMENT SE PRÉPARER

par Me Pierre Caron, avocat
diplômé en Droit notarial
et licencié en Lettres

LES ÉDITIONS DE L'HOMME

DU MÊME AUTEUR

Quatre mille heures d'agonie, récit, Montréal, Québec Amérique, 1978

La vraie vie de Tina Louise, roman, Montréal, Libre Expression, 1980

Vadeboncœur, roman, Paris, Acropole, 1983; Montréal, Libre Expression, 1995; Paris, Belfond, 1997

Marie-Godine, roman, Montréal, Libre Expression, 1994; Montréal, Édition du Club Québec Loisir Inc., 1995

Mon ami Simenon, récit, Montréal, VLB Éditeur, 2003

INTRODUCTION

De tout temps, l'accessibilité à la justice a été au cœur des préoccupations des citoyens. Au Québec, la *Loi favorisant l'accès à la justice* a été adoptée le 29 juin 1971. Elle est entrée en vigueur le 1er septembre 1972.

Cette importante mesure sociale visait à assurer aux citoyens une administration de la justice simplifiée, facilement accessible, plus rapide, moins coûteuse et dont serait exclue – sauf exception – la représentation par avocat. Elle fut codifiée par l'introduction des articles 953 à 988 (aujourd'hui 958 à 998, reproduits à l'Annexe I) du Code de procédure civile sous le nom *Du recouvrement des petites créances* et confiée à la juridiction de la Division des petites créances de la chambre civile de la Cour du Québec.

On considérait alors qu'une *Petite créance* n'excédait pas 300 $, soit de 5 à 10 % du revenu moyen, au Québec. Au fil des années, cette limite fut haussée à six reprises. La dernière hausse, qui date du 8 juin 2002, a porté la limite à 7 000 $, soit à près de 20 % du revenu moyen. Cette mesure allait faire en sorte qu'un plus grand nombre de personnes pourraient bénéficier de ce régime légal qui simplifie le processus judiciaire.

Cependant, simplification ne veut pas dire laxisme, et pour que tous ceux qui se présentent devant elle soient sur un pied d'égalité, la justice doit appliquer des règles communes, dont les règles de preuve.

Contrainte nécessaire donc, mais souvent incomprise ou tout simplement inconnue, la manière formelle que tous doivent respecter pour faire preuve de leur réclamation devant la cour a souvent pour conséquence que les habitués de la Division des petites créances sont favorisés par rapport aux non-initiés.

Pour favoriser la démocratisation de ce processus nécessaire, la loi a prévu qu'en Division des petites créances, les juges apportent à chacun un secours équitable et impartial afin de bien faire ressortir le droit et d'en assurer l'application. Ce rôle est d'ailleurs exceptionnel dans nos tribunaux, où les juges doivent plutôt laisser aux parties le soin de faire valoir leurs points de vue sans qu'ils interviennent de quelque manière.

Toute personne qui se présente en Cour des petites créances doit donc respecter des règles précises. Parmi ces règles, celle du fardeau de la preuve est déterminante : il est préférable d'en être prévenu.

C'est de cette nécessité qu'a germé l'idée de ce guide dont le but est d'aider toute personne à faire valoir ses droits en Division des petites créances en disposant de toutes les informations lui permettant de présenter ses revendications et d'en établir la preuve.

De plus, il identifie les circonstances dans lesquelles on peut s'adresser à cette cour et comment exécuter les jugements rendus.

Enfin, il livre une foule d'autres informations pratiques devant permettre à toute personne de pleinement bénéficier des vertus de cette justice accessible.

CHAPITRE 1

CONDITIONS PRÉALABLES

On refuse de vous payer un compte dû, de vous rembourser une somme prêtée, de vous dédommager pour un bris causé à l'un de vos biens, et vous décidez de poursuivre devant la Division des petites créances.

MISE EN DEMEURE

Quelle est la première démarche à effectuer? Vous devez expédier à la personne que vous désirez poursuivre, une *Mise en demeure*. Il s'agit d'une lettre dans laquelle vous lui réclamerez ce qu'elle vous doit, la sommant de vous payer, faute de quoi vous intenterez une poursuite contre elle.

Vous devez expédier cette lettre par courrier recommandé, ou certifié, et en garder une copie avec le reçu de livraison par la poste.

Par exemple, M. Lenoir doit (il est donc *Débiteur*) à M. Leblanc (qui est son *Créancier*) le prix d'un ordinateur, 1 800 $, qu'il a acheté en janvier et dont il devait acquitter la facture au plus tard en février. En mars, puisqu'il n'a toujours pas payé, M. Leblanc décide de le poursuivre en Division des petites créances.

Il expédiera à M. Lenoir la Mise en demeure suivante :

Montréal, le 16 mars 2004

SOUS TOUTES RÉSERVES
M. Lenoir
444, rue Laurent
Montréal
Objet : Facture 1111
   Votre ordinateur

Monsieur,
   Vous n'avez toujours pas payé le montant de 1 800 $ que nous vous avons facturé pour l'achat de votre ordinateur en janvier dernier, montant qui était payable en février.
   Aussi, vous êtes mis en demeure d'acquitter cette facture de 1 800 $ par chèque ou mandat bancaire (libellé à notre nom) que vous devez expédier à notre adresse dans les 10 jours de la réception des présentes, faute de quoi nous prendrons des procédures contre vous.
   VEUILLEZ AGIR EN CONSÉQUENCE.

M. B. Leblanc
555 rue Fabien, Montréal, tél. : 555-5555

M. Lenoir peut répondre à cette Mise en demeure en expédiant aussitôt son chèque ou un mot dans lequel il se défend de devoir quoi que ce soit. Pour être en mesure d'en faire la preuve, sa lettre devra être expédiée par courrier recommandé, ou certifié, et M. Lenoir devra en garder une copie avec le reçu de livraison par la poste pour les remettre au greffier de la cour avec sa Défense s'il est effectivement poursuivi par M. Leblanc.

Personne n'est tenu de répondre, mais cette réponse pourrait faire preuve de bonne foi devant le juge en temps opportun.

Tant qu'aucune procédure de la Division des petites créances n'a été signifiée à M. Lenoir, il doit considérer qu'il n'est pas poursuivi par M. Leblanc.

D'autre part, si vous avez acheté un immeuble, ou un meuble, et constaté ensuite qu'il est atteint de vices cachés, vous devez obligatoirement dénoncer ces vices au vendeur dans un délai raisonnable de votre découverte avant de faire effectuer les réparations sauf si celles-ci sont nécessaires et urgentes. Si vous demeurez alors sans réponse, vous expédierez la mise en demeure réclamant, en diminution du prix de vente payé, le coût des réparations nécessaires.

Que faut-il retenir ?

- Il est recommandé d'expédier une Mise en demeure à la personne que vous désirez poursuivre avant de déposer une demande en petites créances.
- Dans le cas de vices cachés, il est obligatoire de les dénoncer au vendeur préalablement à la mise en demeure en réclamation.

CHAPITRE 2

CRITÈRES DE POURSUITE

QUI PEUT POURSUIVRE ?

DEMANDE

Une poursuite devant la Division des petites créances est appelée *Demande*. (voir formulaire, Annexe III)

PARTIE DEMANDERESSE

Toute personne, physique ou morale, qui poursuit devant la Division des petites créances est appelée *Partie demanderesse*.

PERSONNE PHYSIQUE

M. Leblanc est désigné en droit comme une personne *physique*.

Toute personne physique majeure peut poursuivre devant la Division des petites créances, c'est-à-dire être la Partie demanderesse dans une Demande inscrite dans cette cour.

En plus de poursuivre pour lui-même, M. Leblanc pourrait poursuivre pour une autre personne physique dont il serait le curateur, le tuteur, le mandataire nommé dans un mandat d'inaptitude ou d'administration aux biens.

Il pourrait aussi se faire lui-même représenter par son conjoint, un parent ou un ami, à condition de désigner son représentant dans un écrit où il expliquerait les raisons pour lesquelles il ne peut agir lui-même. Il doit alors remettre cet écrit au greffier de la cour ou au juge avant l'audition de la cause.

PERSONNE MORALE

Une corporation (compagnie) à but lucratif ou non, syndicat de copropriétaires (condominium), municipalité ou société par actions sont désignés en droit comme des personnes morales.

Une personne morale peut poursuivre devant la Division des petites créances, c'est-à-dire être Partie demanderesse dans une Demande inscrite devant cette cour.

ASSOCIATION ET SOCIÉTÉ

Une association (une association de motoneigistes, par exemple) et une société (plusieurs personnes faisant affaire sous la même raison sociale) peuvent aussi poursuivre devant la Division des petites créances.

Mais dans tous les cas, les personnes morales, les associations et les sociétés ne peuvent intenter un tel recours qu'à condition qu'elles n'aient pas eu à leur emploi plus de 5 personnes, en même temps, au cours des 12 mois précédant leur Demande.

Ces personnes morales, tout comme ces associations et ces sociétés, se font représenter en cour par un de leurs dirigeants ou de leurs employés, tel employé ne devant pas être un avocat, sauf s'il est le seul employé ayant une connaissance personnelle des faits litigieux. Dans le cas des sociétés, tous les associés sont Parties demanderesses et doivent donner à l'un d'eux le mandat, écrit, de les représenter.

QUI PEUT ÊTRE POURSUIVI ?

CONTESTATION

La défense à l'encontre d'une poursuite en Division des petites créances est appelée une *Contestation*.

PARTIE DÉFENDERESSE

Une personne physique ou morale qui est poursuivie devant la Division des petites créances est appelée *Partie défenderesse*.

Une personne physique majeure peut être poursuivie devant la Division des petites créances, c'est-à-dire être Partie défenderesse dans une Demande inscrite dans cette cour.

Et elle peut se faire représenter par son conjoint, un parent ou un ami aux mêmes conditions qu'une Partie demanderesse.

Une personne morale ainsi que toute association et toute société peuvent aussi être poursuivies en Division des petites créances, même si elles comptaient plus de 5 personnes à leur emploi au cours des 12 mois précédant la Demande. Il faut cependant qu'elles soient résidantes au Québec ou qu'elles y possèdent un bureau d'affaires.

Et elles doivent se faire représenter aux mêmes conditions que lorsqu'elles sont Parties demanderesses.

DANS QUELS CAS PEUT-ON POURSUIVRE ?

QUANTUM

La somme réclamée par la Partie demanderesse dans une Demande est appelée le *Quantum*.

Le Quantum maximum pouvant être réclamé en Division des petites créances est de 7 000 $, sans tenir compte des intérêts. Ces intérêts sont prévus au contrat (entente écrite ou verbale) entre la Partie demanderesse et la Partie défenderesse. Si ces dernières n'en ont pas prévu, ou s'il s'agit d'une réclamation qui n'est pas basée sur un contrat – comme une réclamation pour dommages –, le juge appliquera un intérêt au taux *légal* qui est de 5 %.

La Partie demanderesse peut réduire le montant de sa réclamation pour se conformer au Quantum de la Division des petites créances à condition de mentionner cette réduction dans sa Demande.

Voyons l'exemple suivant. En plus d'un ordinateur, M. Lenoir a acheté de M. Leblanc un ameublement de bureau complet qui a porté le total de la facture à 10 000 $. Ce dernier pourra quand même intenter sa poursuite en petites créances s'il réduit sa réclamation à 7 000 $ et qu'il le mentionne dans sa Demande.

De la même manière, on peut réclamer une créance qui résulte d'un contrat d'une valeur plus élevée que 7 000 $, si la réclamation concerne l'un ou plusieurs des versements périodiques, ou l'une des obligations de ce contrat, et que l'un ou l'autre n'excède pas 7 000 $.

Plusieurs personnes, associations ou sociétés peuvent se regrouper dans une Demande contre la même Partie défenderesse si le montant de chacune des réclamations ainsi réunies n'excède pas 7 000 $ et que ces dernières soulèvent les mêmes points de fait et de droit. Par exemple, des spectateurs qui poursuivraient un producteur de spectacles pour obtenir le remboursement de billets d'un concert annulé.

DANS QUELS CAS NE PEUT-ON POURSUIVRE ?

On ne peut réclamer en Division des petites créances du loyer dû, puisque tout ce qui est lié à un bail (non commercial) de logement ou de terrain relève exclusivement de la Régie du logement.

On ne peut non plus y réclamer une pension alimentaire due, des dommages pour diffamation, ou y inscrire un recours collectif.

Les personnes, associations ou sociétés ayant acheté une créance d'autrui ne peuvent non plus l'y réclamer.

Et on ne peut y revendiquer un bien qui serait entre les mains de la Partie défenderesse.

Enfin, on ne peut y réclamer une créance qu'on aurait divisée pour la réclamer au moyen de différentes Demandes. Par exemple, une réclamation de 8 000 $, ne peut être fractionnée en deux réclamations de 7 000 $ et 1 000 $ chacune.

QUAND DOIT ÊTRE INTRODUIT VOTRE RECOURS ?

Vous devez introduire votre recours dans le délai légal de 3 ans à compter du moment où le fait litigieux s'est produit.

Il est cependant préférable d'agir dans un délai plus court (en fait, aussitôt que possible). Cela vous épargnera de mauvaises surprises : les preuves peuvent disparaître et les témoins aussi.

Par ailleurs, si votre recours porte sur un vice caché, vous devez l'introduire aussitôt que le vice est découvert, en dénonçant ce dernier, préalablement à votre mise en demeure.

OÙ VOTRE DEMANDE DOIT-ELLE ÊTRE DÉPOSÉE ?

Vous devez présenter votre demande devant la Cour des petites créances du domicile ou de la dernière résidence connue de la personne que vous poursuivez. Exceptionnellement, vous pourriez la présenter au lieu de la conclusion du contrat ou devant le tribunal du lieu de la survenance des éléments du litige ou, encore, devant celui de votre domicile, si vous exercez un recours contre votre assureur. Dans tous les cas, cependant, si la personne que vous poursuivez habite à plus de 80 kilomètres de votre domicile, vous pourrez déposer votre demande devant la Cour de votre domicile.

POURQUOI S'ADRESSER À LA COUR DES PETITES CRÉANCES ?

Recourir à la Division des petites créances présente l'avantage de ne pas avoir à encourir des frais d'avocats. D'ailleurs, ces derniers ne peuvent faire de représentations devant cette cour, sauf en de rares circonstances, lorsque la complexité de la question soulevée est telle qu'elle nécessite leur présence. Mais la cour doit autoriser spécifiquement la présence des avocats et, dans ce cas, c'est le ministère de la Justice qui paie leurs honoraires.

COMMENT INTRODUIRE SON RECOURS ?

LE GREFFE

Le *Greffe* de la Division des petites créances est un comptoir de services habituellement situé au Palais de justice (ou dans quelque autre immeuble : voir l'Annexe II pour les coordonnées de tous les Greffes de la province) où vous déposerez votre Demande.

LES PIÈCES

Avant même de vous présenter au Greffe, préparez votre dossier. Réunissez tous les documents dont vous aurez besoin pour prouver votre réclamation (contrat, factures, estimations, photos, Mise en demeure, etc.). Ces documents sont appelés *Pièces* aux fins de l'audition de votre cause. Ce sont ces Pièces et votre témoignage, en plus de ceux de vos témoins s'il en est, qui feront preuve de ce que vous réclamez et preuve que vous y avez droit.

Un préposé au Greffe examinera vos Pièces et il vous assistera dans la rédaction de votre Demande (voir les formulaires à l'Annexe II). Il vous informera des frais à payer pour l'inscription de votre recours. Ces frais varient selon le montant de la réclamation, comme on peut le voir au tableau du Tarif applicable aux petites créances (Annexe IV).

Vous devez acquitter ces frais sur place, en espèces ou au moyen d'une carte de débit (les chèques et cartes de crédit ne sont pas acceptés).

Il se pourrait qu'à cette étape, le préposé au Greffe juge d'emblée que votre Demande n'en est pas une pouvant faire l'objet d'un recours en Division de petites créances et qu'il refuse de l'inscrire. Vous pourriez demander une révision de cette décision à un juge en remplissant le formulaire Demande de révision de la décision du greffier dans un délai de 15 jours suivant ce rejet.

TRAITEMENT DE VOTRE DEMANDE

Une fois que votre Demande est acceptée, elle est enregistrée et le préposé y joindra un document explicatif destiné à la Partie défenderesse (la personne poursuivie). Ce document informe la Partie défenderesse qu'elle doit, soit acquitter aussitôt le montant de la réclamation, plus les frais, faire une offre de règlement, manifester son intention de recourir à la médiation, soit produire une Contestation (dans les 20 jours) auquel cas la cause suivra son cours et ira en procès. Si la Partie défenderesse ne se manifeste d'aucune manière, un jugement contre elle pourra être rendu par défaut.

Que faut-il retenir ?

- Toute personne physique ou morale ou encore toute association comptant au plus 5 employés dans les 12 mois précédant la poursuite peut intenter une poursuite devant la Cour des petites créances.
- Le recours doit être introduit dans les 3 ans suivant la date du fait générateur du litige.
- Il est introduit devant le tribunal du domicile de la Partie défenderesse ou du lieu de la signature du contrat ou de la provenance des éléments du litige, ou encore du domicile de la Partie demanderesse qui poursuit son assureur.
- Vous devez remplir le formulaire de Demande dont une copie se trouve à l'Annexe II.
- Le greffier vous tiendra informé de la suite donnée à votre dossier et des étapes subséquentes.
- Le greffier informera la Partie défenderesse de votre poursuite.

CHAPITRE 3

ABANDON D'UN RECOURS DEVANT LA COUR DES PETITES CRÉANCES

Vous pouvez en tout temps abandonner un recours pris devant la Division des petites créances, au risque toutefois de devoir payer les frais de la Partie défenderesse (s'il en est effectivement d'encourus) et tout dommage que cette dernière subirait du fait que votre Demande ait été frivole, ou déraisonnable.

LE DÉSISTEMENT

Cet abandon doit respecter certaines procédures, dont celle du *Désistement*. Cette dernière consiste en fait à un renoncement à votre Demande que vous déposez au Greffe, conformément à la teneur du formulaire prévu à cet effet (formulaire à l'Annexe II). Simultanément, au moyen d'une autre procédure, vous inscrirez votre Demande devant une autre cour selon les règles de procédures de cette dernière. Vous devez ici faire diligence pour éviter que votre cause ne se retrouve prescrite après le désistement et avant son inscription devant une autre cour.

M. Leblanc, par exemple, a fait une Demande en dommages-intérêts devant la Cour des petites créances pour blessure à l'œil gauche résultant d'un coup de poing qu'il a reçu de M. Lenoir à la suite du différend qui les oppose (ordinateur impayé). M. Leblanc réclame 6 900 $. Après réévaluation de la blessure, on constate que cette dernière nécessitera une intervention chirurgicale, ce qui n'était pas prévu au départ. En conséquence, M. Leblanc devra s'absenter de son travail pendant 2 mois, ce qui représente 4 000 $ en salaire qu'il devra payer à la personne qui le remplacera. Il est donc en droit de réclamer, en plus de la somme originale de 6 900 $, une autre de 4 000 $ pour cet autre dommage, soit un total de 10 900 $.

Il demandera donc le renvoi de son dossier devant la Cour du Québec, tribunal apte à traiter les réclamations supérieures à 7 000 $ et inférieures à 70 000 $.

Que faut-il retenir ?

- L'abandon d'un recours devant la Cour des petites créances pour le présenter devant un autre tribunal peut être effectué si le préjudice s'est aggravé.

CHAPITRE 4

DÉCÈS OU INAPTITUDE DE LA PARTIE DEMANDERESSE

Si une Partie demanderesse décède après avoir inscrit sa réclamation en Division des petites créances, le liquidateur (communément appelé exécuteur) de la Succession, ou son/ses héritier(s), après avoir signifié à la Partie défenderesse une mise en demeure en reprise d'instance pourra (pourront) continuer la poursuite. Mais il devra d'abord être fait preuve auprès du Greffe de la cour du décès de la Partie demanderesse (au moyen d'un certificat de décès) et du titre de liquidateur ou d'héritier de la succession (au moyen du testament du défunt, s'il en est, sinon au moyen d'un acte d'hérédité préparé par un notaire). Le formulaire Comparution en reprise d'instance (formulaire à l'Annexe III) dûment rempli devra aussi être remis au Greffe.

Si, dans les mêmes circonstances, la Partie demanderesse devient inapte (déclarée juridiquement incapable par jugement), son tuteur pourra continuer la poursuite. Pour ce faire, copie du jugement d'inaptitude contenant la nomination du tuteur devra être produite au Greffe de la cour, accompagnée de la Comparution en reprise d'instance.

Que faut-il retenir ?

- Le remplacement d'une Partie demanderesse décédée s'effectue par la reprise d'instance par ses héritiers ou liquidateurs, selon le cas.
- Si la Partie demanderesse est devenue inapte, elle est remplacée par le tuteur nommé par le tribunal.

CHAPITRE 5

RÈGLEMENT À L'AMIABLE

LA MÉDIATION

Les parties (Partie demanderesse, Partie défenderesse) peuvent en tout temps régler leurs différends à l'amiable avant l'audition (procès).

Elles peuvent le faire en acceptant toutes deux de procéder par voie de *Médiation*.

La Médiation est un service disponible à la Division des petites créances. Les parties peuvent alors se rencontrer en présence d'un avocat, ou d'un notaire, lequel est mandaté pour favoriser un règlement sans imposer ses vues sur l'affaire. Il doit seulement faciliter une évaluation commune objective de la situation et explorer tout arrangement acceptable pour les deux parties. L'entente éventuelle aura force de jugement. Cette voie de règlement a l'avantage de réduire les délais et de permettre une négociation éclairée, bénéficiant de la compétence de professionnels en semblable matière. De plus, tout le processus s'en trouve simplifié et les parties plus à l'aise car non intimidées par la présence d'étrangers à leur affaire dans une salle du tribunal.

LA TRANSACTION

Les parties peuvent aussi s'entendre sans intervention de quelque représentant de la cour. Dans ce cas, elles doivent déposer au dossier de la cour l'entente à laquelle elles en sont venues et qu'elles ont dûment signée. Une telle entente est appelée *Transaction* et si l'une des parties ne la respecte pas, l'autre pourra demander qu'un juge de la Division des petites créances l'homologue, c'est-à-dire qu'il lui donne force de jugement.

Dans tous les cas, il est préférable que les parties s'entendent. Cela réduit les délais, évite le stress d'une audition et libère de la tâche de convoquer les personnes qu'il faut convaincre de témoigner et de préparer l'audition.

Cependant, nul n'est forcé de négocier ni de parvenir à une entente, et il n'en est tenu rigueur à aucune des parties.

Que faut-il retenir ?

• Le règlement à l'amiable peut résulter de la participation des parties au Service de médiation de la cour ou d'une entente négociée exclusivement entre elles.

• Une transaction homologuée par un juge équivaut à un jugement.

CHAPITRE 6

PRÉPARATION DE L'AUDITION

L'AUDITION

Dans un délai de 6 à 12 mois, selon le district judiciaire et l'achalandage de la cour où vous avez inscrit votre réclamation, vous recevrez du Greffe un *Avis* indiquant la date de l'audition de votre Demande, c'est-à-dire la date du procès, un tel avis étant reproduit à l'Annexe V.

Si ce n'est encore fait, vous devez, au moins 15 jours avant la date du procès, et même plus tôt pour éviter l'éventualité d'une remise, indiquer au greffier le nom et l'adresse des témoins que vous voulez convoquer à l'audition. Le greffier émettra un *Subpœna* (ordre ou citation à comparaître) aux personnes que vous appelez ainsi comme témoins. Ces témoins peuvent être la Partie défenderesse elle-même, quelqu'un à son emploi ou toute autre personne dont le témoignage vous semble nécessaire pour éclairer la cour sur la situation et prouver le bien-fondé de votre réclamation. Bien sûr, en plus de ces témoins sélectionnés, en quelque sorte, chez la partie adverse, vous convoquerez les personnes dont le témoignage appuiera vos prétentions. Il est préférable que vous obteniez la collaboration de ces dernières sans nécessité de *subpœna*.

En somme, vous devez vous assurer de la présence de toute personne dont le témoignage est nécessaire pour trancher votre litige.

Dans ce même délai de 15 jours avant le procès, vous devez déposer au Greffe toutes les Pièces (documents) qui devraient faire preuve de votre réclamation, si elles n'ont pas déjà été remises. Cependant, si pour quelque raison vous êtes dans l'impossibilité de le faire, vous pourrez produire ces Pièces le jour même du procès en remettant les originaux directement au juge.

Vous pouvez aussi déposer la déclaration écrite d'une personne à titre de témoignage, pourvu qu'elle soit impérativement produite au Greffe au moins 15 jours avant le procès et que vous en ayez transmis copie à la Partie défenderesse, preuve à l'appui. Cette dernière pourra demander au greffier de convoquer l'auteur de cette déclaration.

Dans tous les cas, assurez-vous de disposer de 3 exemplaires de toute pièce produite (l'original pour le juge, une copie pour vous et une pour la Partie défenderesse) et numérotez-les dans l'ordre de présentation de vos arguments.

Que faut-il retenir?

- Faites 2 copies de chaque document et numérotez-les selon votre ordre de présentation.

- Communiquez au greffier le nom de tout témoin que vous voulez faire entendre devant le tribunal dans les 15 jours précédant la date fixée pour l'audition.

CHAPITRE 7

L'AUDITION

TENUE POUR L'AUDITION

C'est une règle élémentaire que de se présenter pour un emploi vêtu correctement de manière à favoriser le respect et la considération. Il en est de même devant les tribunaux.

Aussi, il est recommandé de vous présenter à l'audition de votre cause en Cour des petites créances vêtu proprement d'un pantalon, d'une chemise à manches longues, et de chaussures fermées, pour les hommes. Pour les femmes, une jupe et une veste ou un ensemble aux couleurs sobres et des chaussures à talons plats sont de mise.

Bref, portez une tenue correcte, sans que ce soit forcément celle des grands jours.

DÉROULEMENT DE L'AUDITION

L'audition s'ouvre sur l'entrée du juge dans la salle d'audience. Toutes les personnes présentes doivent alors se lever.

Préalablement, le greffier aura fait l'appel de toutes les parties pour s'assurer de leur présence et de celle de leurs témoins. Il se sera assuré qu'elles sont prêtes à procéder et aura indiqué l'ordre dans lequel seront entendues les différentes causes inscrites au rôle et rappelé les règles de preuve élémentaires. Également, il aura demandé à chacun de déclarer solennellement qu'il dira la vérité (on ne prête plus serment dans nos cours); mais il se pourrait aussi que le juge se réserve d'obtenir lui-même cette déclaration des parties et des témoins.

Sur la base de motifs sérieux (perte d'un parent, maladie d'un enfant, ou entrevue pour un emploi à la suite d'une période prolongée de chômage), vous pouvez demander une remise de l'audition de votre cause qui pourra vous être accordée. Il est fortement recommandé de prévenir la cour de votre intention de demander une telle remise avant le jour de l'audition. Votre requête sera accueillie par le greffier si le motif est évident. Sinon, vous devrez la présenter au juge lui-même avant le début des auditions. Dans tous les cas, il est recommandé de produire un document attestant la véracité de la situation invoquée.

PRÉSENTATION DE LA PREUVE

Le principe de la responsabilité, aux termes duquel chacun doit répondre de ses actes et en assumer les conséquences, trouve application dans nos cours selon une règle de trois : la FAUTE, le PRÉJUDICE et le LIEN DE CAUSALITÉ.

La *Faute* est la violation d'une loi, d'un règlement ou des clauses d'un contrat. Le *Préjudice* est le dommage (quantum de la réclamation) subi en conséquence de la Faute. Et le *Lien de causalité* est la relation de cause à effet entre la Faute et le Préjudice.

LE OUÏ-DIRE

Pendant l'audition, on ne peut rapporter des faits dont une autre personne, non présente devant la cour, aurait eu connaissance. Cela constituerait une preuve par *ouï-dire*, ce qui est interdit.

En exposant au juge la situation qui vous amène devant lui, retenez que ce n'est pas la longueur de votre exposé qui importe, mais votre capacité à résumer vos prétentions, ce pourquoi vous réclamez telle somme d'argent à la Partie défenderesse. Évitez le ton agressif et adressez-vous directement au juge en vous abstenant de toute remarque désobligeante à l'endroit de la Partie défenderesse.

On s'adresse toujours au juge tout simplement en l'appelant monsieur, ou madame, le juge.

Présentez de façon précise et complète tous les faits importants du litige. Soyez méthodique, sans jamais perdre de vue que vous devez prouver tout ce que vous avancez.

Ne tentez pas de plaider votre cause, rapportez les faits, faites-en la preuve. Souvenez-vous que la présence des avocats est exclue en Division des petites créances de la Cour du Québec, alors ne tentez pas de remplir ce rôle qui n'y a pas sa place.

Vos témoins seront interrogés par le juge. Cependant, rien ne vous empêche de lui demander la permission de leur poser certaines questions que vous estimez absolument pertinentes, c'est-à-dire nécessaires pour bien éclairer la cour sur les circonstances de votre affaire.

Pendant tout le déroulement de l'audition, le juge joue un rôle très actif en apportant aux parties une aide équitable et impartiale de manière à faire apparaître le droit et en assurer la sanction.

On s'adresse au juge tout simplement en appelant monsieur, ou madame, le juge.

PREUVE ÉCRITE

Tel que mentionné précédemment, vous devez accompagner votre exposé des preuves qui soutiennent votre position. Par exemple, s'il s'agit d'une réclamation pour un compte impayé, vous devez, bien sûr, en produire la facture. S'il s'agit de la production d'une estimation des travaux pour corriger un vice de construction, une évaluation des dommages causés à une voiture ou le calcul des pertes subies en conséquence du défaut d'un spécialiste à remplir adéquatement son mandat, elle devra être produite par son auteur. Ce dernier devra répondre aux questions du juge qui désirerait préciser la teneur du document.

Bref, vous devez toujours convoquer le signataire d'un écrit, celui qui l'a rédigé ou toute personne qui en a eu personnellement connaissance ou qui peut raisonnablement en avoir une connaissance, compte tenu de sa fonction (responsable de la facturation) pour témoigner devant la cour.

Lorsqu'une *Preuve écrite* suffit à soutenir une Demande, les choses sont simples. Lorsqu'une preuve testimoniale est nécessaire, elles se compliquent.

PREUVE TESTIMONIALE (ORALE)

La *Preuve testimoniale*, c'est-à-dire celle qui est établie au moyen de témoignages, doit respecter un ensemble de règles, de restrictions surtout, pas toujours simples.

Par exemple, si la Partie défenderesse est un commerçant et la Partie demanderesse, un consommateur (personne physique) et que le litige porte sur un bien vendu ou un service rendu, le témoignage est généralement admis, conformément aux prescriptions de la *Loi de protection du consommateur* (qui n'est pas le sujet du présent ouvrage).

Par contre, si la Partie défenderesse est une personne non en commerce, si la Partie demanderesse est un simple créancier (d'une dette ou de dommages réclamés, par exemple) et qu'il ne s'agit pas d'un cas d'application de la *Loi de protection du consommateur*, le témoignage ne sera pas admis si la valeur du litige excède la somme de 1 500 $. Il y a une exception à cette règle : le témoignage sera admis s'il s'agit d'une poursuite contre une entreprise (une personne physique dans le cadre d'une activité économique organisée) qui résulte du non-respect d'un contrat conclu dans le cadre de ses activités commerciales.

Et il ne faut pas confondre valeur du litige et valeur du contrat. Pour illustrer ces notions, voyons l'exemple suivant.

M. Lenoir avait aussi acheté de M. Leblanc un véhicule d'occasion pour la somme de 13 000 $. Six mois plus tard, avec l'arrivée de l'hiver, il éprouve de sérieux problèmes de démarrage. Son garagiste lui certifie qu'il s'agit d'une situation latente qui existait certainement lors de l'achat du véhicule et n'attendait que la première variation majeure de température pour se manifester. Le coût de la pièce et celui de la main-d'œuvre pour le remplacer s'élèvent à 1 100 $ que M. Leblanc refuse de payer. M. Lenoir prendra une poursuite de 1 100 $ pour dommages (que l'on qualifiera de réduction du prix de vente) en conséquence d'un contrat de 13 000 $. La valeur du litige est donc ici de 1 100 $ et celle du contrat, de 13 000 $.

Mais le témoignage serait accepté, même si la valeur du litige excède 1 500 $ s'il s'agit d'une poursuite où l'on attaque la validité d'un contrat, autrement dit si ce sont les conditions de formation du contrat qui sont dénoncées. Ainsi, quand les prétentions de la Partie demanderesse sont qu'elle a conclu le contrat par erreur à la suite de fausses représentations de la Partie défenderesse, ou par crainte de représailles sérieuses de cette dernière (menaces de mort, dénonciation de situation irrégulière auprès des autorités de l'immigration, et autres chantages ou pressions indues), il lui sera permis de faire preuve de ces manœuvres par témoignage, quelle que soit la valeur du litige, jusqu'au montant de 7 000 $. Et même plus, si ce montant est réduit à cette dernière somme pour le qualifier en petites créances.

Le témoignage est aussi admissible pour compléter la teneur d'un écrit ou pour expliquer cet écrit lorsqu'il paraît incompréhensible.

Enfin, le témoignage est accepté dans les tous cas où il est impossible de se procurer une preuve écrite, soit que l'écrit invoqué ait été perdu (ce dont il faudra faire preuve) ou que l'on dispose d'un Commencement de preuve.

LE COMMENCEMENT DE PREUVE

Le Commencement de preuve désigne, entre autres, une preuve de ce que vous soutenez, établie au moyen d'un aveu de la Partie défenderesse inclus dans tout écrit émanant d'elle (même dans une lettre où elle refuse de payer votre réclamation) ou d'un aveu de cette dernière, ou de son représentant, prononcé devant le juge.

Le Commencement de preuve désigne aussi la preuve établie au moyen d'un élément matériel, comme une cassette vidéo.

Par exemple, M. Lenoir détient une cassette vidéo le montrant en train de négocier, puis d'acheter le véhicule d'occasion qui est l'objet du litige l'opposant à M. Leblanc. Cette scène a été filmée parce que, M. Lenoir qui a reçu M. Leblanc à son bureau, avait laissé en fonction la caméra qui y est installée pour des raisons de sécurité (il y transige régulièrement avec des clients qui paient comptant et il conserve parfois à son bureau des sommes importantes). Si la cassette paraît véridique, qu'aucune preuve n'en démontre l'invraisemblance, elle sera acceptée en preuve.

L'IMPOSSIBILITÉ DE SE PROCURER UN ÉCRIT

L'*Impossibilité de se procurer un écrit,* dont il est fait mention plus haut, réfère au fait qu'au moment de la conclusion du contrat, aucun écrit n'a été fait.

Cette situation est courante lorsqu'il s'agit, entre autres, de baux par tolérance, de dépôts exigés des clients par les hôteliers, ou encore d'un contrat entre des personnes ayant des liens de parenté, d'amitié ou de travail.

Dans ces cas donc, la preuve écrite n'est pas exigée.

L'IMPOSSIBILITÉ DE PRODUIRE UN ÉCRIT À CAUSE DE SA PERTE

Si l'original d'un écrit (ou la copie qui peut légalement le remplacer) est perdu, on pourra quand même faire la preuve de son contenu au moyen de témoignages, à condition toutefois d'établir sa bonne foi (pas de tricherie, pas de mensonge) et de faire preuve que l'on a fait des efforts raisonnables pour le retrouver.

LA CONTRADICTION D'UN ÉCRIT

On ne peut contredire au moyen de témoignages la teneur d'un écrit librement signé, sauf si l'on dispose d'un Commencement de preuve permettant de l'attaquer.

M. Lenoir, par exemple, a bel et bien librement signé un contrat d'achat du véhicule d'occasion, objet du litige. Ce contrat, tel que produit à la cour, contient une exonération de toute garantie de la part de M. Leblanc. Cependant, la vidéo montre que, dans l'instant qui a précédé la signature, M. Leblanc a glissé dans le document, à l'insu de M. Lenoir, une nouvelle page – celle contenant cette clause en remplacement de celle que venait de lire M. Lenoir. Au moyen de la vidéo, M. Lenoir pourra donc contredire l'écrit que constitue le contrat le liant à M. Leblanc.

PRÉSENTATION DE LA PREUVE DE LA PARTIE DÉFENDERESSE

La Partie défenderesse attaquera la preuve de la Partie demanderesse par sa propre preuve, c'est-à-dire en prouvant que les prétentions qu'on lui oppose ne sont pas fondées. Pour cela, elle peut utiliser tout moyen de contestation, à condition de respecter les règles de preuve démontrées ci-haut.

La Partie défenderesse qui demeure silencieuse encourt le risque que le juge donne raison à la Partie demanderesse sans discuter. Elle serait donc avisée de présenter des arguments et des preuves à leur appui qui contredisent les prétentions de la Partie demanderesse.

Pour rendre son jugement, le juge évalue alors les preuves de part et d'autre.

ARGUMENTS DE DROIT

La Partie défenderesse peut soulever des *Arguments de droit*, seulement ou en plus de sa preuve. Il s'agit d'invoquer des arguments qui réfèrent à des situations qui n'ont pas à être prouvées autrement que par le dépôt de documents qui parlent par eux-mêmes.

Ainsi, une Partie défenderesse pourrait opposer pour toute défense que tel document signé par la Partie demanderesse constitue une entente qu'elle a respectée. Le juge appréciera le document et, s'il en conclut qu'il s'agit bel et bien d'une transaction au sens de la Loi, il rejettera aussitôt la Demande.

Un autre argument de droit serait celui où la Partie défenderesse invoque que la dette dont on lui réclame paiement est prescrite, c'est-à-dire que le délai légal qu'avait la Partie demanderesse pour la lui réclamer est expiré.

En 1993, par exemple, avant que leurs rapports s'enveniment, M. Leblanc avait prêté à M. Lenoir la somme de 6 000 $ remboursable le 1er décembre 1998. Le 1er décembre 2003, M. Leblanc, qui n'a toujours pas été remboursé, intente une poursuite contre M. Lenoir. Ce dernier pourra opposer comme défense que cette dette est prescrite depuis le 1er décembre 2001, soit 3 ans après sa date d'échéance, conformément à la loi. Le juge n'aura alors d'autre choix que de rejeter la Demande avec dépens contre M. Leblanc.

Ces deux arguments en droit ne sont pas exclusifs : il en est d'autres, plus sophistiqués, au sujet desquels vous pourriez vous informer auprès des Services d'aide juridique et dont la démonstration ici serait trop complexe.

Que faut-il retenir ?

- Habillez-vous correctement pour vous présenter en cour.
- Informez à l'avance le greffier de tout empêchement à vous présenter au procès.
- L'écrit constitue la meilleure preuve devant le tribunal.
- Il faut faire témoigner l'auteur de tout écrit.
- Expliquez brièvement vos prétentions, allez à l'essentiel.

CHAPITRE 8

LE JUGEMENT

LE DÉLIBÉRÉ

Après avoir entendu la preuve des parties, le juge peut rendre jugement immédiatement ou prendre la cause en délibéré. Le *Délibéré* est la période qui suit l'audition jusqu'à ce que le juge rende son jugement. Il peut durer 4 mois dans les causes contestées et 30 jours dans celles rendues par défaut, défaut de la Partie défenderesse d'avoir répondu à la Demande lorsqu'elle lui fut signifiée (défaut de comparaître) ou défaut d'être présent lors de l'audition (défaut de plaider).

Dans tous les cas, aucun jugement n'est rendu si le dossier n'est pas complet.

La partie perdante sera généralement condamnée à payer les frais et recevra, avec le jugement, un avis lui indiquant de payer la créance due et lesdits frais, faute de quoi les règles de saisie après jugement s'appliqueront.

LA RÉTRACTATION DU JUGEMENT

On ne peut pas aller en appel d'un jugement rendu en Division des petites créances de la Cour du Québec.

On peut cependant demander la *Rétractation de jugement* dans certains cas.

Il s'agit de présenter à la cour une Demande de rétractation de jugement rendu par défaut (voir formulaire à l'Annexe III) pour le motif que vous auriez été empêché de répondre à la Demande de la Partie demanderesse ou empêché de vous présenter à la cour pour vous défendre.

Les raisons invoquées pour justifier votre défaut doivent être sérieuses et prouvées. Ainsi, vous auriez pu être empêché de répondre à la Demande parce qu'elle ne vous est jamais parvenue, ou empêché de vous présenter à l'audition à cause de la maladie ou du décès d'un parent. Dans tous les cas, l'événement doit être grave, incontrôlable et il doit aussi vous avoir empêché de prévenir le greffier.

Cette Demande de rétractation doit être présentée au Greffe dans les 15 jours de votre connaissance du jugement rendu et doit être accompagnée d'une déclaration solennelle.

LA RÉCEPTION

La *Réception* d'une Demande de rétractation de jugement est la première étape qu'elle doit franchir pour ensuite être débattue devant la Cour. Si elle est ainsi reçue, l'exécution du jugement rendu sera suspendue et le greffier en avisera l'autre partie.

Une nouvelle audition sera tenue après la convocation des parties, au cours de laquelle on débattra du bien-fondé de la Rétractation puis, si elle est accordée, on procédera immédiatement à une nouvelle audition de la cause.

Une telle Demande est aussi possible dans les cas d'irrégularités, comme la découverte de la fausseté de documents produits par l'une des parties ou la découverte, après l'audition, d'une preuve qui aurait entraîné une décision différente, preuve dont vous ne pouviez disposer alors. Cette Demande doit aussi être présentée dans les 15 jours de la découverte de la fausseté du document ou de la découverte de la nouvelle preuve, et cette Demande suivra la même procédure que celle qui a été démontrée plus haut.

RÉVISION JUDICIAIRE DU JUGEMENT

Un jugement de la Cour des petites créances est définitif et sans appel.

Cependant, on peut en demander la *Révision judiciaire*. Il s'agit d'une évaluation du jugement par la Cour Supérieure dans les cas où la poursuite, en vertu des règles de procédures, n'aurait pas dû être intentée devant la Division des petites créances ; où que le juge aurait refusé de considérer une preuve pertinente qui aurait pu conduire à une décision différente ; où le jugement ne reposerait sur aucune des preuves effectivement présentées lors de l'audition.

Une telle demande doit être présentée devant la Cour Supérieure dans un délai raisonnable et ici, il est recommandé de recourir aux services d'un avocat, dont vous devrez payer les frais. Ce dernier verra d'abord à évaluer si le délai est raisonnable et sa compétence, combinée à son expérience, permettra que la situation soit bien argumentée en dépit de sa complexité.

EXÉCUTION DU JUGEMENT

L'Exécution du jugement, c'est-à-dire le respect, et l'application de sa conclusion par la partie perdante, est volontaire ou forcée. Elle est volontaire si la partie agit d'elle-même et forcée, lorsqu'elle n'en fait rien et qu'il faut avoir recours à une procédure dite d'exécution, c'est-à-dire au moyen d'une saisie sur ses biens effectuée par huissier.

Une telle exécution peut avoir cours seulement après le 11e jour suivant le jugement rendu par défaut et le 31e dans les autres cas.

Il est possible d'obtenir une réduction de ce délai en démontrant au juge que la partie perdante commet des actes assimilables à la fraude pour éviter que le jugement puisse être exécuté contre elle.

COMMENT EXÉCUTER VOTRE JUGEMENT ?

Vous pouvez entreprendre vous-même les procédures d'exécution de jugement en vous adressant à un huissier qui vous indiquera la procédure ou avoir recours aux services d'un avocat.

Vous pouvez également, tout simplement, avoir recours au greffier de la Division des petites créances si le créancier, contre qui il faut exécuter le jugement, est une personne physique.

Que faut-il retenir ?

- Le jugement de la Cour des petites créances est final et sans appel et il n'a d'effet de la chose jugée qu'entre les parties et que pour le montant réclamé.
- La Rétractation du jugement est possible si vous n'avez pas été légalement informé des procédures contre vous ou si vous avez découvert une preuve nouvelle. Vous devez demander cette rétractation dans les 15 jours de la connaissance du jugement ou de la connaissance de la nouvelle preuve.

- La Révision judiciaire est possible dans les cas d'excès de compétence (absence de juridiction pour entendre le litige ou refus d'entendre une preuve pertinente qui aurait probablement conduit à un résultat différent).

- Contactez un huissier ou un avocat pour faire exécuter le jugement obtenu.

CONCLUSION

En appliquant les règles de preuve démontrées dans le présent guide, gardez à l'esprit qu'en Division des petites créances de la Cour du Québec, comme en toute autre cour, il n'appartient pas au juge de faire la preuve, même s'il intervient pour aider les parties à l'établir, et qu'il ne rendra aucun jugement de complaisance en considération de la situation économique de l'une ou l'autre des parties.

Exposez vos prétentions simplement en faisant preuve de ce que vous affirmez et n'allez pas croire que le juge sera particulièrement patient à votre égard si vous n'êtes manifestement pas prêts.

Aussi, prenez tout le temps nécessaire pour bien vous préparer, tentez de prévoir les arguments de la Partie défenderesse à l'encontre de votre Demande et ébauchez votre riposte.

Présentez-vous à l'heure, vêtu correctement, et usez d'un ton poli en vous assurant que votre débit est tel que l'on comprenne bien tout ce que vous avez à dire. Surtout, répondez sans détour aux questions du juge et évitez toute remarque désobligeante à l'endroit de la partie adverse.

Enfin, n'hésitez pas à communiquer avec les Services judiciaires pour vous informer davantage, si nécessaire.

ANNEXES

LIVRE VIII
DES DEMANDES RELATIVES À DES PETITES CRÉANCES*

TITRE I
DISPOSITIONS GÉNÉRALES

CHAPITRE I
DE LA COMPÉTENCE SUR LES PETITES CRÉANCES

953. Les sommes réclamées dans une demande portant sur une petite créance, c'est-à-dire :
a) une créance qui n'excède pas 7 000 $, sans tenir compte des intérêts ;
b) qui est exigible par une personne, une société ou une association, en son nom et pour son compte personnels ou par un tuteur, un curateur ou un mandataire dans l'exécution du mandat donné en prévision de l'inaptitude du mandant ou par un autre administrateur du bien d'autrui ;
ne peuvent être recouvrées en justice que suivant le présent livre.

Il en est de même de toute demande qui vise la résolution, la résiliation ou l'annulation d'un contrat lorsque la valeur du contrat et, le cas échéant, le montant réclamé n'excèdent pas chacun 7 000 $.

Une personne morale, une société ou une association ne peut, à titre de créancier, se prévaloir des dispositions du présent livre que si, en tout temps au cours de la période de 12 mois qui précède la demande, elle comptait sous sa direction ou son contrôle au plus cinq personnes liées à elle par contrat de travail.

* Reproduction autorisée par les publications du Québec.

954. Le présent livre ne s'applique pas aux demandes résultant du bail d'un logement ou d'un terrain visés à l'article 1892 du Code civil, ni aux demandes de pension alimentaire ou à celles introduites au moyen du recours collectif. Il ne s'applique pas non plus aux poursuites en diffamation, ni aux demandes soumises par une personne, une société ou une association qui a acquis à titre onéreux la créance d'autrui.

955. Une personne, une société ou une association ne peut, en vue de se prévaloir du présent livre, diviser, même indirectement, une créance excédant 7 000 $ en autant de créances n'excédant pas ce montant, sous peine de rejet de la demande.

Toutefois, le présent article n'a pas pour effet d'empêcher la réclamation d'une créance:
a) qui a été volontairement réduite par le demandeur à un montant n'excédant pas 7 000 $;
b) résultant d'un contrat de crédit dont le paiement s'effectue par versements périodiques;
c) résultant d'un contrat dont l'exécution des obligations est successive tels un bail, un contrat de travail, un contrat d'assurance-invalidité ou autre contrat semblable.

956. Des créanciers peuvent joindre leurs demandes si elles ont le même fondement juridique ou soulèvent les mêmes points de droit et de fait. Cependant, le juge peut, avant l'audition, s'il est d'avis que les fins de la justice seront ainsi mieux servies, ordonner que les demandes soient entendues séparément.

Si chacune des demandes que détiennent les personnes, les sociétés ou les associations ainsi jointes est une petite créance, la demande est régie par les règles prévues dans le présent livre. Sinon, elle est régie par les règles prévues dans les autres livres du présent code.

Malgré l'alinéa précédent, l'exécution du jugement rendu sur une petite créance se fait suivant le présent livre.

957. Lorsqu'une partie met en cause la validité ou la constitutionnalité d'une loi, d'un règlement adopté en vertu d'une telle loi, d'un décret, d'un arrêté en conseil ou d'une proclamation du gouvernement du Québec, du lieutenant-gouverneur ou du gouverneur général ou du gouverneur général en conseil, le juge peut ordonner que la demande soit transférée devant le tribunal compétent.

958. La demande doit être présentée devant le tribunal du domicile ou de la dernière résidence connue du défendeur, du domicile de l'assuré qui exerce un recours contre son assureur ou devant le tribunal du lieu où toute la cause d'action a pris naissance ou celui du lieu de formation du contrat. Si le défendeur n'est pas domicilié au Québec, la demande peut également être présentée devant le tribunal de sa résidence ou de son établissement au Québec.

Si le demandeur demeure à plus de 80 km du domicile du défendeur, il peut présenter sa demande au greffe du tribunal de son domicile ou, à défaut de domicile, de sa résidence ou de son établissement. Le greffier transmet alors la demande au greffe du tribunal choisi par le demandeur conformément au premier alinéa.

CHAPITRE II
DE LA REPRÉSENTATION DES PARTIES

959. Les personnes physiques doivent agir elles-mêmes; elles peuvent cependant donner mandat à leur conjoint, à un parent, un allié ou un ami de les représenter. Ce mandat doit être donné à titre gratuit, au moyen d'un écrit qui indique les raisons pour lesquelles la personne est empêchée d'agir elle-même et qui porte la signature de celle-ci.

L'État, les personnes morales, les sociétés ou associations ne peuvent être représentés que par un dirigeant ou une autre personne à leur seul service et liée à eux par contrat de travail.

L'avocat ne peut, malgré la Charte des droits et libertés de la personne (chapitre C-12), agir comme mandataire, non plus que l'agent de recouvrement. Exceptionnellement, lorsqu'une cause soulève une question complexe sur un point de droit, le juge peut, d'office ou à la demande d'une partie, mais avec l'accord du juge en chef de la Cour du Québec, permettre la représentation des parties par avocat. Dans ce cas, sauf pour les parties non admissibles à titre de demandeur suivant le présent livre, les honoraires et les frais des avocats sont à la charge du ministre de la Justice et ils ne peuvent excéder ceux que prévoit le tarif d'honoraires établi par le gouvernement en vertu de la Loi sur l'aide juridique (chapitre A-14).

TITRE II
DE LA PROCÉDURE

CHAPITRE I
DE LA PROCÉDURE INTRODUCTIVE ET DE LA CONTESTATION

960. Le greffier donne aux parties qui le demandent l'information utile à toute étape du déroulement de l'instance et de l'exécution du jugement, notamment sur les éléments essentiels de leur procédure et sur les règles relatives à la communication des pièces et à l'administration de la preuve.

Il leur porte assistance, le cas échéant, pour préparer un acte de procédure ou remplir un formulaire mis à leur disposition.

Le greffier ne peut en aucun cas donner un avis juridique aux parties.

961. La demande indique les faits sur lesquels elle est fondée, la nature, le montant de la créance et des intérêts, ainsi que les conclusions recherchées. Elle indique aussi les nom, domicile et résidence du demandeur ainsi que le nom et la dernière résidence connue du défendeur.

Si le demandeur est une personne morale, une société ou une association, la demande doit comporter une déclaration qu'en tout temps au cours de la période de 12 mois qui précède sa demande, il comptait sous sa direction ou son contrôle au plus cinq personnes liées à lui par contrat de travail.

962. Le demandeur ou son mandataire rédige lui-même la demande ou expose les faits et les conclusions au greffier et lui demande de la rédiger. Elle est signée par le demandeur ou son mandataire et appuyée de son serment quant à la véracité des faits et à l'exigibilité de la créance; elle est accompagnée des pièces au soutien de ses prétentions.

963. Si la demande est admissible, elle est déposée au greffe et ouvre le dossier du tribunal.

Si la demande n'est pas admissible, le greffier en informe le demandeur et lui indique que, s'il le requiert, sa décision peut être révisée par un juge dans les 15 jours de sa notification.

964. Le greffier notifie au défendeur une copie de la demande à laquelle il joint la liste des pièces déposées par le demandeur, ainsi qu'un avis indiquant au défendeur les options qui lui sont offertes.

L'avis doit être conforme au texte établi par le ministre de la Justice et doit mentionner qu'à défaut pour le défendeur de faire part au greffier de l'option choisie dans les 20 jours de la notification, jugement pourra être rendu contre lui, sans autre avis ni délai.

965. Les options offertes au défendeur sont:
1° de payer le montant réclamé et les frais assumés par le demandeur soit au greffier, soit au demandeur, mais dans ce cas en faisant parvenir au greffier la preuve du paiement ou la quittance obtenue du demandeur;
2° de convenir d'un règlement à l'amiable avec le demandeur et, dans ce cas, de transmettre au greffier une copie de l'écrit constatant l'entente intervenue;
3° de contester le bien-fondé de la demande et d'en aviser le greffier en précisant les motifs de la contestation.

En cas de contestation, le défendeur peut aussi se prévaloir de l'une ou l'autre des options suivantes:
1° demander que le litige soit soumis à la médiation;
2° demander le renvoi du dossier dans un autre district judiciaire ou devant un autre tribunal en précisant les motifs justifiant sa demande;
3° demander d'appeler une autre personne pour permettre une solution complète du litige, auquel cas il informe le greffier du nom et de la dernière adresse connue de cette personne;
4° faire valoir sa propre réclamation contre le demandeur, si celle-ci résulte de la même source que la demande du demandeur ou d'une source connexe et qu'elle est admissible en vertu du présent livre.

966. Si la demande porte sur une créance liquide et exigible, le greffier remet la demande à un huissier pour signification à personne au défendeur ou à un dirigeant si le défendeur est une personne morale, une société ou une association.

L'huissier doit, lors de la signification, informer le défendeur de la possibilité de payer, de convenir d'un règlement à l'amiable ou de contester, ainsi que des conséquences de son défaut d'agir. Il peut accepter le paiement ou recevoir une offre de règlement pour le demandeur et il note, le cas échéant, l'intention du défendeur de contester. Il inscrit le paiement, l'offre de règlement ou l'intention de contester sur le procès-verbal qu'il dépose au dossier du tribunal sans délai. Si le défendeur entend contester, il doit être informé de la possibilité de demander la médiation. S'il le fait, l'huissier l'inscrit au procès-verbal.

967. Si le défendeur a payé le demandeur, le greffier ferme le dossier; s'il a convenu avec lui d'un règlement à l'amiable, le greffier, à la demande d'une partie, entérine l'entente pour valoir jugement.

Si le défendeur demande le renvoi de sa cause dans un autre district judiciaire ou devant un autre tribunal, le greffier en avise le demandeur et soumet la demande au juge. Si celui-ci la considère bien fondée, le greffier renvoie le dossier au greffier du tribunal ayant compétence et la cause est continuée devant ce tribunal comme si elle y avait été présentée.

968. Si le défendeur conteste le bien-fondé de la demande, il en avise le greffier et précise par écrit les motifs de sa contestation. Il dépose au greffe les pièces au soutien de ses prétentions. Le greffier notifie alors au demandeur une copie de la contestation à laquelle il joint la liste des pièces déposées par le défendeur.

Si le défendeur veut faire valoir contre le demandeur une réclamation résultant de la même source que la demande ou d'une source connexe et qu'elle est admissible en vertu du présent livre, il peut, dans sa contestation, en demander le paiement et déposer au greffe les pièces au soutien de ses prétentions.

969. Si le défendeur a demandé d'appeler une autre personne, il en précise les motifs au greffier et lui fournit, le cas

échéant, les pièces au soutien de ses prétentions. Le greffier en avise le demandeur, signifie à la personne appelée une copie de la demande originaire et de la contestation et y joint la liste des pièces qu'il détient. Il avise également la personne appelée que sa présence est requise à la demande du défendeur.

970. Si le défendeur a fait défaut de répondre, le juge ou le greffier spécial, selon le cas, rend jugement après examen des pièces au dossier ou, s'il l'estime nécessaire, après avoir entendu la preuve du demandeur.

S'il s'agit d'une demande prévue à l'article 194, le greffier rend jugement sur le vu de la demande et des pièces au dossier.

971. Le défendeur poursuivi suivant les autres livres du présent code et qui, s'il était demandeur, pourrait agir suivant le présent livre, peut demander que la cause soit entendue suivant le présent livre.

Il présente cette demande au greffier du tribunal saisi, en tout temps avant la production au dossier de l'inscription pour jugement par le greffier ou pour enquête et audition devant le tribunal. Si la demande est jugée admissible, le greffier avise sans délai le demandeur; la décision du greffier peut, sur demande écrite faite dans les 15 jours de la notification, être révisée par un juge. À l'expiration de ce délai, le greffier transfère le dossier pour qu'il soit continué suivant les dispositions du présent livre.

CHAPITRE II
DE LA CONVOCATION DES PARTIES
ET DES TÉMOINS

972. Lorsque le dossier est prêt, le greffier convoque les parties à l'audience. La convocation doit faire mention que

chacune des parties peut obtenir, sur demande, copie des documents, déclarations et rapports déposés au greffe par les autres parties; elle doit également mentionner que celui qui représente une personne, une société ou une association doit produire son mandat.

Dans la convocation, le greffier informe les parties qu'elles doivent déposer au moins 15 jours avant la date fixée pour l'audience leurs documents, déclarations ou rapports qui ne l'ont pas encore été. Il les informe également qu'elles doivent être accompagnées de leurs témoins et indiquer ceux dont elles demandent la convocation.

Le greffier convoque les témoins que les parties lui indiquent. La partie qui demande la convocation d'un témoin à l'audience en supporte les frais si le juge estime qu'il a été convoqué et déplacé inutilement.

CHAPITRE III
DE LA MÉDIATION

973. Le greffier doit, à la première occasion, informer les parties qu'elles peuvent, sans frais additionnels, soumettre leur litige à la médiation. Si les deux parties y consentent, elles peuvent demander au greffier de les référer au service de médiation. Dans ce cas, la séance de médiation est présidée par un avocat ou un notaire, accrédité par l'ordre professionnel dont il est membre.

Le médiateur doit déposer au greffe un rapport faisant état des faits, des positions des parties, des points de droit soulevés, des éléments de preuve que celles-ci entendent déposer et des témoins qu'elles se proposent de faire entendre lors de l'audience. Toutefois, les offres faites par les parties et les propos qu'elles ont tenus dans le but de régler le litige ne peuvent, sauf du consentement des parties, être mis en preuve lors d'une audience.

Si les parties s'entendent, elles rédigent une entente qu'elles signent; elles déposent au greffe soit une copie de l'entente, soit un avis que la cause a fait l'objet d'un règlement à l'amiable. Si l'entente est déposée, elle est entérinée par le juge ou le greffier et équivaut alors à jugement.

CHAPITRE IV
DE L'AUDIENCE

974. Dans tous les cas où l'audience est nécessaire, le greffier, dans la mesure du possible, la fixe à un endroit, à une date et à une heure où il sera possible aux parties et à leurs témoins d'être présents. Le juge peut tenir l'audience ailleurs qu'au lieu où la demande a été présentée.

Le jour fixé pour l'audience, le greffier peut, en l'absence du juge, remettre une cause à la demande d'une partie s'il estime que l'intérêt de la justice est ainsi mieux servi. Il doit en aviser, sans délai, l'autre partie et statuer sur les frais encourus par celle-ci; la décision sur les frais peut être révisée par le juge lors de l'audience sur le fond.

975. Si la Cour supérieure ou la Cour du Québec sont saisies de demandes ayant le même fondement juridique ou soulevant les mêmes points de droit que la demande présentée suivant le présent livre, le juge suspend l'audience jusqu'à ce que le jugement sur l'autre demande soit passé en force de chose jugée, si une partie le demande et qu'aucun préjudice sérieux ne puisse en résulter pour la partie adverse. Un juge peut réviser cette décision si une partie le demande et que des circonstances nouvelles le justifient.

976. Au temps fixé pour l'audience, le greffier appelle la cause, constate la présence ou l'absence des parties et le juge rend le jugement suivant la preuve offerte.

Un juge peut, en tout temps avant l'audience sur le fond, entendre une demande préliminaire et rendre toute ordonnance utile.

977. Le juge explique sommairement aux parties les règles de preuve qu'il est tenu de suivre et la procédure qui lui paraît appropriée. À l'invitation du juge, chacune des parties expose ses prétentions et présente ses témoins.

Le juge procède lui-même aux interrogatoires; il apporte à chacun une aide équitable et impartiale de façon à faire apparaître le droit et à en assurer la sanction.

978. Si les circonstances s'y prêtent, le juge tente de concilier les parties.

Le cas échéant, le juge fait dresser par le greffier un procès-verbal constatant l'entente des parties; cette entente, signée par les parties et par le juge, équivaut à jugement.

979. À l'audience, le défendeur ou la personne appelée peut faire valoir tout moyen de contestation et proposer, le cas échéant, des modalités de paiement.

980. Une partie peut produire une déclaration écrite à titre de témoignage si elle l'a déposée au greffe au moins 15 jours avant l'audience et si l'autre partie a été avisée par le greffier de la possibilité d'en prendre connaissance et d'en recevoir copie. Cette dernière peut demander au greffier, le cas échéant, la convocation du déclarant. Le juge condamne aux frais la partie qui a demandé la convocation du déclarant, s'il estime qu'il a été déplacé inutilement et que la déclaration écrite eût été suffisante.

981. Le juge peut, s'il estime que l'autre partie n'en subit pas de préjudice ou que les fins de la justice sont ainsi mieux

servies, accepter le dépôt d'un document, d'une déclaration ou d'un rapport après l'expiration du délai prescrit.

982. Le juge peut, d'office, s'il est d'avis que les fins de la justice peuvent être ainsi mieux servies, visiter les lieux ou ordonner une expertise pour l'appréciation des faits relatifs au litige ou un constat par une personne qualifiée qu'il désigne

La procédure applicable à l'expertise ou à un constat est celle que détermine le juge.

Le juge statue sur les dépens relatifs à l'expertise ou au constat et décide s'ils sont à la charge d'une des parties ou des deux ou, s'il l'estime approprié, à la charge du ministre de la Justice, s'il estime que les fins de la justice sont ainsi mieux servies.

CHAPITRE V
DU JUGEMENT

983. Le jugement est consigné par écrit sous la signature du juge, du greffier spécial ou du greffier qui l'a rendu et contient un bref énoncé des motifs de la décision. Le jugement statuant sur une demande contestée doit être rendu dans les quatre mois de l'audience; tout autre jugement doit être rendu dans les 30 jours à compter du moment où le dossier est complet.

Sauf si le jugement est rendu à l'audience en présence des parties, le greffier, dès que le jugement est rendu, en transmet une copie certifiée à chacune des parties.

Le greffier transmet avec la copie du jugement un avis au débiteur l'informant qu'un jugement a été rendu contre lui et qu'à défaut de payer la créance due, ses biens pourront être saisis et, le cas échéant, vendus en justice.

984. Le jugement est final et sans appel.

Une cause relative à une petite créance n'est pas sujette au pouvoir de surveillance et de contrôle de la Cour supérieure, sauf en cas de défaut ou d'excès de compétence.

985. Le jugement n'a l'autorité de la chose jugée qu'à l'égard des parties au litige et que pour le montant réclamé.

Le jugement ne peut être invoqué dans une action fondée sur la même cause et introduite devant un autre tribunal; le tribunal doit alors, à la demande d'une partie ou d'office, rejeter toute demande ou toute preuve basée sur ce jugement.

986. Sauf si le juge en a ordonné autrement, le jugement peut être exécuté à l'expiration de 30 jours suivant la date à laquelle il a été rendu. S'il est rendu par défaut, ce délai est de 10 jours.

Toutefois, le créancier peut, si dans un écrit appuyé de son serment il établit l'un des faits donnant ouverture à une saisie avant jugement, obtenir du juge l'autorisation d'exécuter avant l'expiration de ce délai.

Si le jugement a ordonné le paiement de la créance par versements ou a entériné une entente intervenue entre le créancier et le débiteur et que ce dernier n'acquitte pas un versement à échéance, le créancier peut demander par écrit au débiteur de lui payer la somme due. Si le débiteur n'effectue pas le versement dans les 10 jours de la demande, la totalité de la dette devient exigible et l'exécution est poursuivie.

987. Le jugement décide des frais, y compris des indemnités dues aux témoins, mais seulement quant à ceux qu'il indique, selon les tarifs en vigueur. Dans les cas de transfert, il décide des frais encourus avant la transmission du dossier pour qu'il soit continué suivant le présent livre.

988. Dans toute action dont le montant est admissible à titre de petite créance et qui n'est pas instituée suivant le présent livre, le défendeur condamné par défaut de comparaître ou

de contester, qui ne s'est pas prévalu de son droit au transfert de la cause, est tenu des frais du demandeur selon les règles applicables suivant les autres livres du code.

CHAPITRE VI
DE LA RÉTRACTATION DE JUGEMENT

989. La partie condamnée par défaut peut, si elle a été, par surprise, par fraude ou pour une autre cause jugée suffisante, empêchée de contester la demande en temps utile ou de comparaître à l'audience, demander que le jugement soit rétracté.

Une partie peut aussi demander la rétractation du jugement dans les cas prévus par l'article 483 qui ne sont pas incompatibles avec l'application du présent livre.

990. La demande de rétractation est écrite et appuyée d'un affidavit. Elle doit être produite au greffe dans les 15 jours de la connaissance du jugement.

Le juge ou le greffier examine la demande et décide de sa recevabilité; s'il accepte de la recevoir, l'exécution forcée est suspendue et le greffier avise les parties et les convoque à la date fixée pour la tenue d'une nouvelle audition, tant sur la demande de rétractation que sur le fond du litige.

TITRE VIII
DE L'EXÉCUTION FORCÉE DES JUGEMENTS

991. L'exécution forcée des jugements rendus en matière de petites créances se fait suivant le Titre II du Livre IV, sous réserve des dispositions du présent livre.

992. Le créancier peut s'adresser soit à un huissier, soit à un avocat pour faire exécuter le jugement; lorsqu'il est une personne physique, il peut également avoir recours aux services du greffier ou de la personne désignée par le ministre.

993. Les frais versés au greffier ou à la personne désignée par le ministre et les honoraires des huissiers et des avocats assumés par le créancier pour l'exécution du jugement peuvent être réclamés du débiteur dans les limites des tarifs prévus à ces fins; cette créance est immédiatement exigible du débiteur.

994. Les demandes incidentes relatives à l'exécution du jugement sont décidées suivant le présent livre. Elles sont présentées sur simple avis écrit au greffier. Le greffier en avise les parties et l'huissier sans délai. Il convoque les parties à la date fixée pour qu'il soit procédé à une audition.

Toutefois, lorsque la valeur du bien faisant l'objet d'une procédure d'exécution est supérieure à 7 000 $, le tribunal peut ordonner que le dossier soit transféré pour que la procédure soit continuée suivant les autres livres du code.

995. Sous réserve des dispositions du présent livre, les actes de procédure, les avis et les autres documents peuvent être notifiés ou signifiés aux parties, ou au greffier, le cas échéant, par tout mode de transmission approprié.

996. Les actes de procédure pour lesquels le paiement de frais est prévu au tarif de frais judiciaires applicable ne peuvent être reçus par le greffier à moins que le paiement ne soit fait. Il est fait mention sur l'acte de la date de sa production ainsi que de la date et du montant du paiement. Toutefois, la personne qui démontre qu'elle reçoit des prestations en vertu d'un programme de protection sociale prévu à la Loi

sur le soutien du revenu et favorisant l'emploi et la solidarité sociale (chapitre S-32.001) est dispensée du paiement de ces frais.

Si l'introduction de la demande est refusée, la somme transmise avec la demande ou déposée auprès du greffier est remboursée au demandeur.

997. Le gouvernement peut, par règlement, établir:
   a) le tarif des frais judiciaires exigibles pour le dépôt ou la présentation des demandes et autres actes de procédure faits en vertu du présent livre, ainsi que le tarif des honoraires des huissiers et des avocats exigibles du débiteur;
   b) les conditions auxquelles un médiateur doit satisfaire pour être accrédité;
   c) les règles et les obligations auxquelles doit se conformer un médiateur accrédité dans l'exercice de ses fonctions, de même que les sanctions applicables en cas de manquement à ces règles et obligations;
   d) le tarif des honoraires payables par le service de médiation à un médiateur accrédité et le nombre maximum de séances pour lesquelles un médiateur peut recevoir des honoraires pour une même demande.

998. Toute disposition des autres livres du présent code compatible avec celles du présent livre s'applique au recouvrement des petites créances.

Palais de Justice
725, rue Harvey Ouest
bureau RC-31
ALMA
G8B 1P5
(418) 668-3334
Télécopieur: (418) 662-3697

Palais de Justice
(Cour itinérante du Nord
du Québec)
901, 3e Rue Ouest
AMOS
J9T 2T4
(819) 444-5231
Télécopieur: (819) 444-5483

Palais de Justice
891, 3e rue Ouest
AMOS
J9T 2T4
(819) 444-5577
Télécopieur: (819) 444-5204

29, boul. St-Benoît ouest
AMQUI
G5J 2E4
(418) 629-4488
Télécopieur: (418) 629-6450

Palais de Justice
71, avenue Mance
BAIE-COMEAU
G4Z 1N2
(418) 296-5534
Télécopieur: (418) 294-8717

Palais de Justice
30, rue John
CAMPBELL'S BAY
J0X 1K0
(819) 648-5222
Télécopieur: (819) 648-5931

17, rue Lacroix
C.P. 390
CARLETON
G0C 1J0
(418) 364-3442
Télécopieur: (418) 364-7036

860, 3e Rue
CHIBOUGAMAU
G8P 1P9
(418) 748-6411
Télécopieur: (418) 748-4031

Palais de Justice
227, rue Racine Est
CHICOUTIMI
G7H 7B4
(418) 696-9928
Télécopieur: (418) 698-3558

Palais de Justice
CHISASIBI
J0M 1E0
(Cour itinérante)
(819) 855-2656
(819) 444-5231
Télécopieur: (819) 855-2483
Télécopieur: (819) 444-5483

400, rue Miner
COWANSVILLE
J2K 3Y7
(450) 263-3520
Télécopieur : (450) 266-1415

1420, boul. Walberg, 1er étage
DOLBEAU-MISTASSINI
G8L 1H4
(418) 276-0683
Télécopieur : (418) 276-6110

Palais de Justice
1680, boul. Saint-Joseph
DRUMMONDVILLE
J2C 2G3
(819) 478-2513
Télécopieur : (819) 475-8459

24, Route 138
C.P. 400
FORESTVILLE
G0T 1E0
(418) 587-4471

Palais de Justice
11, rue de la Cathédrale
 bureau 101
Édifice Pierre-Fortin
GASPÉ
G4X 2V9
(418) 368-5756
Télécopieur : (418) 360-8030

Palais de Justice
77, rue Principale
GRANBY
J2G 9B3
(450) 776-7110
Télécopieur : (450) 776-7130

Palais de Justice
17, rue Laurier, bureau 0.210
HULL
J8X 4C1
(819) 776-8102
Télécopieur : (819) 772-3036

Palais de Justice
200, rue Saint-Marc
JOLIETTE
J6E 8C2
(450) 753-4806
Télécopieur : (450) 752-6945

Palais de Justice
3950, boul. Harvey
JONQUIÈRE
G7X 8L6
(418) 695-7991
Télécopieur : (418) 695-8195

Palais de Justice
KUUJJUAQ
J0M 1C0
(Cour itinérante)
(819) 964-2973
(819) 444-5231
Télécopieur : (819) 964-0047
Télécopieur : (819) 444-5483

Palais de Justice
KUUJJUARAPIK
J0M 1G0
(Cour itinérante)
(819) 929-3338
(819) 444-5231
Télécopieur : (819) 929-3981
Télécopieur : (819) 444-5483

505, rue Béthanie
LACHUTE
J8H 4A6
(450) 562-3711

5527, rue Frontenac
bureau 316
LAC-MÉGANTIC
G6B 1H6
(819) 538-1268
Télécopieur : (819) 583-0703

30, chemin de la Vallée
LA MALBAIE
G5V 3S9
(418) 665-3991

651, 2e Rue Est
LA SARRE
J9Z 2Y9
(819) 339-7951
Télécopieur : (819) 339-7975

290, rue Saint-Joseph
bureau 6
LA TUQUE
G9X 3Z8
(819) 523-9533
Télécopieur : (819) 676-5021

Centre des services de Justice
2800, boul. Saint-Martin Ouest
LAVAL
H7T 2S9
(450) 686-5001
Télécopieur : (450) 686-5005

Palais de Justice
405, Chemin d'en Haut
C.P. 159, Îles-de-la-Madeleine
L'ÎLE-DU-HAVRE-AUBERT
G0B 1J0
(418) 937-2201
Télécopieur : (418) 937-9038

1111, rue Jacques-Cartier Est
bureau RC-27
LONGUEUIL
J4M 2J6
(450) 646-4067

7, rue Principale Est
MAGOG
J1X 1Y4
(819) 843-7323
Télécopieur : (819) 843-1091

266, rue Notre-Dame
bureau 431
MANIWAKI
J9E 2J8
(819) 449-3222
Télécopieur : (819) 449-6085

Palais de Justice
382, rue Saint-Jérôme
MATANE
G4W 3B3
(418) 562-1716
Télécopieur: (418) 560-8746

Palais de Justice
40, rue Hôtel-de-Ville
MONT-JOLI
G5H 1W8
(418) 775-8811
Télécopieur: (418) 775-7517

645, rue de la Madone
MONT-LAURIER
J9L 1T1
(819) 623-9666
Télécopieur: (819) 623-6859

25, rue du Palais de Justice
MONTMAGNY
G5V 1P6
(418) 248-0909
Télécopieur: (418) 248-2437

Palais de Justice
1, rue Notre-Dame Est
bureau 3.150
MONTRÉAL
H2Y 1B6
(514) 393-2304

Palais de Justice
87, rue Gérard-D.-Lévesque
C.P. 517
NEW CARLISLE
G0C 1Z0
(418) 752-3376
Télécopieur: (418) 752-3027

395, rue Mgr Courchesne
NICOLET
J3T 1X6
(819) 293-4871
Télécopieur: (819) 293-2934

Palais de Justice
124, Route 132
C.P. 188
PERCÉ
G0C 2L0
(418) 782-2055
Télécopieur: (418) 782-2906

Palais de Justice
PUVIRNITUQ
J0M 1P0
(Cour itinérante)
(819) 988-2177
(819) 444-5231
Télécopieur: (819) 988-2973
Télécopieur: (819) 444-5483

Palais de Justice
300, boul. Jean-Lesage
QUÉBEC
G1K 8K6
(418) 649-3400

Palais de Justice
183, rue de la Cathédrale
RIMOUSKI
G5L 5J1
(C.P. 3183, RIMOUSKI,
G5L 7P3)
(418) 727-3833
Télécopieur : (418) 727-3635

33, rue de la Cour
RIVIÈRE-DU-LOUP
G5R 1J1
(418) 862-3579
Télécopieur : (418) 867-8794

Palais de Justice
750, boul. Saint-Joseph
ROBERVAL
G8H 2L5
(418) 275-3666
Télécopieur : (418) 275-6169

Palais de Justice
2, rue du Palais
ROUYN-NORANDA
J9X 2N9
(819) 763-3709
Télécopieur : (819) 763-3389

85, rue Saint-Vincent
SAINTE-AGATHE-DES-MONTS
J8C 2A8
(819) 326-6462
Télécopieur : (819) 326-6069

10, boul. Sainte-Anne
SAINTE-ANNE-DES-MONTS
G4V 1P3
(418) 763-2791
Télécopieur : (418) 763-3107

Palais de Justice
1550, rue Dessaulles
SAINT-HYACINTHE
J2S 2S8
(450) 778-6585
Télécopieur : (450) 778-6557

Palais de Justice
109, rue Saint-Charles
bureau RC-14
SAINT-JEAN-SUR-RICHELIEU
J3B 2C2
(450) 346-1653
Télécopieur : (450) 346-8437

Palais de Justice
25, rue de Martigny Ouest
SAINT-JÉRÔME
J7Y 4Z1
(450) 431-4439
Télécopieur : (450) 569-7687

Palais de Justice
795, avenue du Palais
SAINT-JOSEPH-DE-BEAUCE
G0S 2V0
(418) 397-7189
Télécopieur : (418) 397-7968

Palais de Justice
180, rue Salaberry Ouest
SALABERRY-DE-VALLEYFIELD
J6T 2J2
(450) 370-4004
Télécopieur: (450) 370-3022

Palais de Justice
8, avenue des Cèdres
SENNETERRE
J0P 2M0
(819) 737-8086
Télécopieur: (819) 444-5204

425, boul. Laure
SEPT-ÎLES
G4R 1X6
(418) 962-2154
Télécopieur: (418) 964-8714

Palais de Justice
212, 6e Rue
SHAWINIGAN
G9N 8B6
(819) 536-2571
Télécopieur: (819) 536-2992

Palais de Justice
375, rue King Ouest
SHERBROOKE
J1H 6B9
(819) 822-6936
Télécopieur: (819) 820-3865

46, rue Charlotte
SOREL-TRACY
J3P 6N5
(450) 742-2786
Télécopieur: (450) 746-7394

Palais de Justice
693, rue Saint-Alphonse Ouest
THETFORD MINES
G6G 3X3
(418) 338-2118
Télécopieur: (418) 335-7756

Palais de Justice
250, rue Laviolette
TROIS-RIVIÈRES
G9A 1T9
(819) 372-4150
Télécopieur: (819) 371-6096

Palais de Justice
900, 7e Rue
VAL-D'OR
J9P 3P8
Télécopieur: (819) 354-4447

Palais de Justice
800, boul. des Bois-Francs Sud
VICTORIAVILLE
G6P 5W5
(819) 357-2054
Télécopieur: (819) 357-5517

8, rue Saint-Gabriel Nord
C.P. 550
VILLE-MARIE
J0Z 3W0
(819) 629-6473
Télécopieur: (819) 629-6367

CANADA
PROVINCE DE QUÉBEC
District
Localité
N° dossier

COUR DU QUÉBEC
Chambre civile
Division des petites créances

DM001

Partie demanderesse

contre

DF001

Partie défenderesse

DEMANDE

Les faits à l'origine de cette demande sont les suivants :

Bien que mise en demeure, la partie défenderesse néglige ou refuse de payer.
Les faits à l'origine de cette demande se sont produits dans le district de
LES CONCLUSIONS RECHERCHÉES SONT LES SUIVANTES :

Condamner la partie défenderesse à payer à la partie demanderesse la somme de $,
conjointement et solidairement, avec intérêts au taux de   % l'an, et l'indemnité additionnelle prévue
à l'article 1619 du Code civil du Québec, à compter   .

Condamner la partie défenderesse à payer à la partie demanderesse les frais judiciaires de $.

SJ-870 (2004-01)   ☐ Original ☐ Demandeur ☐ Défendeur ☐ Greffe   (1)

LES PIÈCES DÉPOSÉES AU DOSSIER

La partie demanderesse dépose les pièces suivantes :

☐ Liste additionnelle en annexe.

_____
Signature de la partie demanderesse ou de son mandataire

SERMENT

Je soussigné, _____, déclare sous serment que :

1- ☐ Je suis la partie demanderesse ou son mandataire.
   ou
   ☐ Je suis le représentant de la partie demanderesse à titre de :
       ☐ dirigeant ☐ personne à son seul service, liée à elle par contrat de travail
       En tout temps au cours de la période de 12 mois qui précède la présente demande, la partie demanderesse qui est une société, une association ou une personne morale, comptait sous sa direction ou son contrôle au plus cinq (5) personnes liées à elle par contrat de travail.

2- La somme réclamée est due et exigible.

3- Tous les faits allégués dans cette demande sont vrais.

Et j'ai signé

_____
Partie demanderesse ou son mandataire

Assermenté devant moi

À _____ , le _____

_____
Greffier ou commissaire à l'assermentation

Offre de médiation

☐ Je désire soumettre ce litige au Service de médiation de la Division des petites créances.

_____
Signature de la partie demanderesse
(Téléphone :)

Réservé à l'usage du greffier

☐ J'accepte l'introduction de la présente demande.   ☐ Créance liquide et exigible.

☐ Je refuse l'introduction de la présente demande pour les motifs énoncés au document ci-joint.

Nature de la demande : _____

Lieu désigné pour la médiation : _____
                                   Municipalité (arrondissement)

À

Le

_____
Greffier de la Cour du Québec

ANNEXE III FORMULAIRES

81

(2)

DEMANDE AUX PETITES CRÉANCES
INFORMATIONS À LA PARTIE DEMANDERESSE

LE SERVICE DE MÉDIATION DES PETITES CRÉANCES

Vous pouvez choisir de soumettre votre litige au Service de médiation de la Division des petites créances. Ce service est gratuit.

Si vous choisissez ce mode de résolution de conflit, sachez que :

- l'acceptation de la médiation ne signifie pas une reconnaissance de responsabilité de votre part ;
- la séance de médiation se déroule en privé et sans grande formalité, ainsi les participants sont plus à l'aise pour s'exprimer ;
- les parties sont convoquées devant un médiateur (avocat ou notaire), à un moment qui leur convient, pour une période d'environ une heure ;
- le médiateur entend chacune des parties et les informe des aspects juridiques de leur situation. Il suggérera des pistes de solution susceptibles de favoriser un règlement à l'amiable du conflit ;
- lorsqu'il est impossible d'en arriver à une entente, le médiateur rédige et signe un rapport résumant la position des parties.

ATTENTION

Il est très important que vous fournissiez avec exactitude votre adresse et celle de la partie défenderesse. Si vous changez d'adresse ou si vous êtes informé que la partie défenderesse a changé d'adresse au cours du processus judiciaire, veuillez en informer le greffier par courrier ordinaire, courriel ou télécopieur. Pour cela, utilisez le formulaire *Avis de changement d'adresse*, que vous trouverez dans le site Internet du ministère de la Justice www.justice.gouv.qc.ca.

Pour de plus amples renseignements sur la réclamation d'une petite créance, vous pouvez consulter le dépliant *Les petites créances*, publié par le ministère de la Justice dans la collection « Justice en bref ». Ce dépliant est disponible au comptoir du greffe. Son contenu est également accessible dans le site Internet du ministère de la Justice. D'autres informations sont disponibles dans le site d'Éducaloi www.educaloi.qc.ca.

Vous pouvez communiquer avec le greffier de la Division des petites créances du lundi au vendredi, entre 8 h 30 et 16 h 30. Certains greffes sont fermés pendant l'heure du dîner. Informez-vous des heures d'ouverture à votre greffier.

APRÈS LE DÉPÔT D'UNE DEMANDE À LA DIVISION DES PETITES CRÉANCES

La partie défenderesse recevra copie de votre demande dans les jours qui suivent son dépôt. À compter de la réception de la demande, la partie défenderesse aura 20 jours pour y répondre. Les options offertes à la partie défenderesse sont les suivantes :

1. elle peut vous payer directement le montant réclamé. Si tel est le cas, veuillez en informer le greffier par courrier ordinaire, courriel ou télécopieur. Le greffier fermera alors votre dossier ;
2. elle peut transmettre ce montant à la Division des petites créances. Dans ce cas, le greffier vous fera parvenir le paiement et fermera votre dossier ;
3. elle peut également contester votre demande. Le greffier vous transmettra par courrier la copie de la contestation ainsi que la liste des pièces déposées au greffe. Vous serez convoqué formellement à une audience pour faire la preuve du bien-fondé de votre demande. La partie défenderesse sera également convoquée. Si vous avez des témoins à faire entendre, veuillez les informer de la date, de l'heure et de la salle où se déroulera l'audience. Si vous avez besoin que le greffier avise par écrit vos témoins de se présenter à l'audience, veuillez transmettre au greffier par courrier ordinaire, courriel ou télécopieur la liste de vos témoins ainsi que leur adresse complète. Utilisez pour cela le formulaire intitulé *Liste des témoins à convoquer par le greffier*, qui se trouve dans le site Internet du ministère de la Justice ;
4. elle peut désirer régler à l'amiable avec vous. Vous êtes libre, toutefois, d'accepter ou de refuser ce règlement. Si vous acceptez, toutes les parties devront signer le règlement à l'amiable et le transmettre au greffier.

Si la partie défenderesse ne se manifeste pas dans les délais prévus après réception de votre demande, un jugement pourra être rendu sans autre avis. Selon la nature de votre demande, il est possible que vous n'ayez pas à vous présenter à l'audience. Vous recevrez alors le jugement par courrier. Si vous devez démontrer votre preuve devant le tribunal, vous serez informé par courrier du lieu, de la date et de l'heure de l'audience.

Pour compléter le formulaire ...

- Le déplacement du curseur avec la touche de TABULATION « →| » a pour effet de placer celui-ci sur le prochain champ utile.
- Lorsqu'un champ du formulaire est sélectionné, un **texte d'aide** s'affiche au bas de l'écran.

SJ-870 (2004-01)

CANADA
PROVINCE DE QUÉBEC
District de
Localité
No dossier

COUR DU QUÉBEC
Chambre civile
Division des petites créances

_____
_____
_____

Partie demanderesse

contre

_____
_____
_____

Partie défenderesse

DÉCLARATION POUR VALOIR TÉMOIGNAGE

À la demande de la partie ☐ demanderesse ☐ défenderesse ☐ appelée

Je, soussigné(e) _____
déclare ce qui suit :
(Relater les faits de façon précise. Il doit s'agir de faits dont vous avez eu une connaissance personnelle. Si l'espace n'est pas suffisant, veuillez joindre les feuilles nécessaires.)

ANNEXE III
FORMULAIRES

83

_____
_____
_____
_____
_____
_____
_____
_____
_____
_____
_____
_____
_____
_____
_____
_____
_____
_____
_____
_____
_____
_____

À _____ , le _____

_____
Signature du déclarant

L'ORIGINAL DE CETTE DÉCLARATION DOIT ÊTRE PRODUIT AU DOSSIER DE LA COUR AU MOINS QUINZE JOURS AVANT L'AUDIENCE

SJ-837 (03-03)

CANADA
PROVINCE DE QUÉBEC
District de
Localité
No dossier

COUR DU QUÉBEC
Chambre civile
Division des petites créances

_____
_____

Partie demanderesse

contre

_____
_____

Partie défenderesse

LISTE DES TÉMOINS À CONVOQUER PAR LE GREFFIER

(Veuillez cocher)

☐ À la demande de la partie demanderesse

☐ À la demande de la partie défenderesse

☐ À la demande de la partie appelée

Nom et adresse complète des témoins :

1. _____

2. _____

3. _____

4. _____

5. _____

**Si vous connaissez la date du procès,
veuillez compléter les informations qui suivent :**

DATE DU PROCÈS : _____

SALLE : _____

HEURE : _____

_____
Partie demanderesse/défenderesse/appelée

SJ-839 (02-11)

CANADA
PROVINCE DE QUÉBEC
District de
Localité
No dossier

COUR DU QUÉBEC
Chambre civile
Division des petites créances

MANDAT

Je, soussigné(e), _____ ☐ partie demanderesse
☐ partie défenderesse
☐ partie appelée

autorise _____
(Nom du mandataire)

☐ conjoint ☐ parent ☐ allié ☐ ami

à me représenter devant la Division des petites créances

(cochez la ou les cases appropriées)
☐ pour le dépôt de la ☐ demande ☐ contestation
☐ à l'audience
☐ afin de conclure un règlement à l'amiable
☐ demande de remise
☐ autre : _____

Ce mandat est donné à titre gratuit et il est confié pour les raisons suivantes :
(Veuillez inscrire les raisons pour lesquelles vous ne pouvez agir vous-même)

_____
_____
_____
_____
_____

À _____ , le _____

_____
Partie demanderesse/défenderesse/appelée

SJ-838 (03-01)

ANNEXE III
FORMULAIRES

85

CANADA
PROVINCE DE QUÉBEC
District de
Localité
No dossier

COUR DU QUÉBEC
Chambre civile
Division des petites créances

_____
_____
_____

Partie demanderesse

contre

_____
_____
_____

Partie défenderesse

QUITTANCE / RÈGLEMENT / DÉSISTEMENT
MAINLEVÉE

(Veuillez cocher la case appropriée)

☐ **QUITTANCE** (Pour mettre fin aux procédures judiciaires entreprises dans le présent dossier à la suite du paiement de la somme réclamée)

La partie ☐ demanderesse ☐ défenderesse reconnaît avoir reçu la somme de _____ $ en règlement du présent dossier et en donne quittance complète et finale.

ou

☐ **RÈGLEMENT À L'AMIABLE** (Après avoir conclu une entente avec la partie adverse)

La partie ☐ demanderesse ☐ défenderesse déclare la présente cause réglée à sa satisfaction et demande la fermeture du présent dossier.

ou

☐ **DÉSISTEMENT** (Vous ne voulez plus poursuivre les procédures entreprises devant la Division des petites créances)

La partie ☐ demanderesse ☐ défenderesse se désiste de sa demande.

ou

☐ **MAINLEVÉE**

La partie saisissante accorde mainlevée de la saisie ☐ mobilière ☐ sommes, valeurs ou meubles (art. 625 C.p.c.)

☐ salaire, traitement ou gages (art 641 C.p.c.) pratiquée en cette cause en vertu du bref émis le _____
(date)

☐ Mainlevée totale de la saisie.

☐ Mainlevée partielle de la saisie des biens ci-dessous décrits :

_____
_____
_____
_____

_____   _____
Date   Signature

SJ-842 (02-11)

CANADA	COUR DU QUÉBEC
PROVINCE DE QUÉBEC DISTRICT DE MONTRÉAL	CHAMBRE CIVILE DIVISION DES PETITES CRÉANCES
NO : 500 -	

A.
         Partie demanderesse

c.

B.
         Partie défenderesse

et

C.
         Partie demanderesse en
         reprise d'instance

COMPARUTION EN REPRISE D'INSTANCE

Je comparais pour la défenderesse en reprise d'instance, sous toutes réserves que de droit.

..., le...

Partie demanderesse en reprise d'instance

(Cette comparution doit être accompagnée de l'Affidavit ci-après)

CANADA

PROVINCE DE QUÉBEC
DISTRICT DE MONTRÉAL

NO : 500 -

COUR DU QUÉBEC

CHAMBRE CIVILE
DIVISION DES PETITES CRÉANCES

_____

A.

                      Partie demanderesse

c.

B.

                      Partie défenderesse

et

C.

                      Partie demanderesse en
                      reprise d'instance
_____

AFFIDAVIT EN REPRISE D'INSTANCE

Je, soussigné, C., ... *(profession)*, domicilié et résidant au ... *(adresse)*, district de..., affirme solennellement ce qui suit :

1. B., la partie demanderesse, est décédée, en date du ..., tel qu'il appert du certificat de décès joint en annexe;

2. Je suis le liquidateur de la succession de la partie demanderesse B., conformément à son testament fait devant le notaire..., en date du..., et portant le numéro... des minutes dudit notaire, le tout tel qu'il appert de ce testament, dont copie authentique est jointe en annexe;

3. J'ai intérêt à reprendre l'instance;
ET J'AI SIGNÉ :

                      _____
                      C.

Affirmé solennellement devant moi,
à..., le... *(date)*

_____
Commissaire à l'assermentation
pour le district de...

CANADA
PROVINCE DE QUÉBEC
District de
Localité
No dossier

COUR DU QUÉBEC
Chambre civile
Division des petites créances

_____
_____
_____
Partie demanderesse

contre

_____
_____
_____
Partie défenderesse

ANNEXE III
FORMULAIRES

DEMANDE DE RÉTRACTATION DE JUGEMENT
(ART 989 C.p.c.)

La partie ☐ demanderesse ☐ défenderesse expose au tribunal ce qui suit :

1. Elle demande la rétractation du jugement rendu contre elle le _____ ;

2. Elle a pris connaissance de ce jugement le _____ ;

3. À l'appui de sa demande, elle invoque les motifs suivants :

_____
_____
_____
_____
_____
_____

PAR CES MOTIFS :

Recevoir la présente demande en rétractation;

Suspendre les procédures d'exécution;

Ordonner au greffier de convoquer les parties afin de procéder à une nouvelle audition, tant sur la demande de rétractation que sur le fond du litige.

À _____ , le _____

_____
Signature

SJ-866 (02-11)

89

ANNEXE III FORMULAIRES

SERMENT

Je, soussigné(e) _____ domicilié(e) et résidant au

_____ affirme solennellement que :

1. Je suis la partie ☐ demanderesse (ou son mandataire)
   ☐ défenderesse (ou son mandataire)

ou

Je suis le représentant de la partie ☐ demanderesse ☐ défenderesse à titre de,
☐ dirigeant ☐ personne à son seul service liée à elle par contrat de travail;

2. Tous les faits allégués dans la présente demande en rétractation sont vrais à ma connaissance personnelle.

Et j'ai signé à

_____
Signature

Assermenté(e) devant moi

À _____, le _____

_____
Greffier/Commissaire à l'assermentation

DÉCISION SUR LA RECEVABILITÉ DE LA DEMANDE EN RÉTRACTATION DE JUGEMENT

☐ La présente demande est reçue, par conséquent :

– Il est ordonné de suspendre les procédures d'exécution;

– Il est ordonné au greffier de convoquer les parties afin qu'il soit procédé à une nouvelle audition tant sur la demande de rétractation que sur le fond du litige;

☐ La présente demande est refusée pour les motifs suivants :

_____
_____
_____
_____

À _____, le _____

_____
Juge au greffier

SJ-866 (02-11)

TARIF APPLICABLE AUX PETITES CRÉANCES DU 1ᴱᴿ AVRIL 2003 AU 31 MARS 2004
(L.R.C., c. C-25, a. 997, par. a ; 2002, c. 7, a. 148) G.O., 27 décembre 2002, 134ᵉ année, no 52, p. 8724

MONTANT DE LA CRÉANCE	0,01 $ à 999,99 $		1 000 $ à 2 999,99 $		3 000 $ à 4 999,99 $		5 000 $ à 7 000 $	
	PHYSIQUE	MORALE	PHYSIQUE	MORALE	PHYSIQUE	MORALE	PHYSIQUE	MORALE
Procédure introductive art. 2	62 $	104 $	88 $	130 $	114 $	156 $	140 $	182 $
Contestation art. 3	52 $	93 $	78 $	119 $	104 $	145 $	130 $	171 $
Demande reconventionnelle (selon le montant réclamé à cette dem. reconv.) art. 4	52 $	62 $	57 $	68 $	62 $	73 $	68 $	78 $
Rétractation de jugement art. 5	52 $	62 $	57 $	68 $	62 $	73 $	68 $	78 $
Bref d'exécution (en sus des frais d'huissier) art. 6	52 $	78 $	73 $	99 $	93 $	119 $	114 $	130 $
Opposition à une saisie (selon la valeur à l'avis d'opposition ou le montant du jugement) art. 7	57 $	62 $	62 $	68 $	68 $	73 $	78 $	78 $

ANNEXE IV
TARIFS

ANNEXE V
AVIS (278 C.P.C.)

Expédié le 2004/03/16   SEC

Avis d'audition (278 C.P.C.)

La cause suivante sera entendue
à 9h30 le   en salle 13.08
de la Cour du Québec, Ch. civil

L'avocat de la partie est

M.   Leblanc

M.   Lenoir

500-22-0000-00

Canada
Province de Québec
District de Montréal

Palais de justice CH 1.150

10, rue Saint-Antoine Est
Montréal (Québec)
H2Y 1A2

M.   Lenoir
444, rue Laurent
Montréal Qc
J8A 9A9

SJ-524 (2001-06)

TABLE DES MATIÈRES

Introduction 7

Chapitre 1
Conditions préalables 9

Chapitre 2
Critères de poursuite 13

Chapitre 3
Abandon d'un recours devant
la Cour des petites créances 23

Chapitre 4
Décès ou inaptitude de la Partie demanderesse 27

Chapitre 5
Règlement à l'amiable 29

Chapitre 6
Préparation de l'audition 33

Chapitre 7
L'audition 37

Chapitre 8
Le jugement 49

Conclusion 55

Annexes 57